JN440715

내성천의 봄

이 도서의 국립중앙도서관 출판예정도서목록(CIP)은 서지정보유통지원시스템
홈페이지(http://seoji.nl.go.kr)와 국가자료공동목록시스템(http://www.nl.go.kr/kolisnet)에서
이용하실 수 있습니다. (CIP제어번호 : CIP2019000343)

내성천의 봄

초판 1쇄 발행 2019년 1월 15일

지은이 권영숙

펴낸이 임병천
펴낸곳 책나무출판사
출판신고 2004년 4월 22일(제318-00034)

주소 서울시 영등포구 신길3동 325-70 3F
전화 02-338-1228 **팩스** 0505-866-8254
홈페이지 www.booktree.info

ⓒ 권영숙 2019
ISBN 978-89-6339-603-3 03810

*이 책의 판권은 지은이와 책나무출판사에 있습니다.
*양측의 서면 동의 없는 무단 전재 및 복제를 금합니다.
*잘못된 책은 바꿔드립니다.

내성천의 봄

봄날 내성천에 와서야 알겠네
물처럼 흐를 수 있다는 걸
강물 같은 마음이어야
강가에 오면

권영숙 시집

책나무출판사

시인의 말

글을 엮으면서

내 살던 집 뒤에는 야트막한 동산이 병풍처럼 드리워져 있었다.
수숫대 서걱이는 울타리 너머 나이를 가늠할 수 없는
큰 팽나무 그늘이 초가지붕을 다 덮고도 남았다.
그 안에서 아버지의 넉넉한 품에 쌓여 찔레순처럼 자랐다.
나를 번쩍 들어 올릴 때마다 앞마당 낟가리보다
더 큰 꿈을 꾸겠다며 다짐을 했다.
그러나 조각난 꿈의 편린들을 안고 여기까지 왔다.
팽나무도 아버지도 눈망울이 순한 외양간의 송아지도
아무도 내 추억에 마중 나올 이 없는 곳
아버지 헛기침 소리 같은 바람이 그리운 옛집으로 나를 앞세운다.

켜켜이 쌓아뒀던 시의 곳간을 열었다.

덜 여문 과일 같거나 빛을 보지 못한 언어들이 누눅하다.

다시 숙성시키고 햇살에 말려 나의 일상을 한 묶음으로 엮어 본다.

목차

3부

4부

1부

산딸기 익을 무렵이면

풀냄새 감겨오는
밭 언덕에 서면
내 서른 해 가슴 언저리
곱게 익은 산딸기 지천으로 붉네
골 낮은 이랑마다
젊음의 북을 주노라면
푸릇푸릇 젖멍울 서고
정수리 쪼아대는 유월 볕
솔기 터진 적삼, 땀으로 깁는데
젖먹이 보채는 소리보다 먼저
손마디마다 물집 아렸지
농익은 산딸기 앞섶에 품고
선잠 깬 울음 따라 달리면
가슴엔 꽃물 곱게도 배었지

세월이 무심히 자라
그 산딸기 붉어
망초꽃 웃음 엷은 밭두렁에 서면
아련한 그리움 꽃물로 어리네

하얀 보석

배넷둥이 손주가
달 건너오더니
입안에 보석을 물고 왔어요
방긋거릴 때마다
살짝살짝 보이는
차돌 같은 젖니
잘근잘근 잇몸 물어
간질간질 젖니 돋아
예쁜 보석
가슴에 또박또박 새겨봅니다
석. 정. 민.

붕어빵

실개천 같은 좁은 골목을 훑어나간다

어디에서 잡을까
개울을 더듬다가
떡붕어 한 마리 잡았다

내장도 먹어도 되나요

살이 통통해 식욕이 당긴다

꼬리부터 먹을까
아냐
지느러미부터 야금야금 아껴 먹을래

꼬리 한입 베어 먹는데
뜨겁게 내장이 흐른다
쓸개도 달콤하네요

떡붕어 한 마리 배 속으로

밀어 넣고 나니 든든했다

포장마차 붕어 집 어부
자꾸만 잡아 올린다

치마폭만 한 지붕 밑 포장마차
실개천 같은 줄이 이어지고

배 속이 든든해지면
겨울 흐름 따라
푸른 지느러미 흔들며 걸어간다

고물상에서 길을 찾다

저잣거리가 한눈에 보이는
한의원 이 층 침상에 누우면
그는 능숙한 수리공처럼
부식된 혈관을 뚫는다

좌르르 녹물이 흐른 뒤
한 줄기 별이 다녀가고
냉매가 가득한 곳곳이 조금씩 데워진다

창가 목련이 햇살과 입맞춤을 하는지
바람이 깔깔거리며 지나가면
나도 수액을 밀어 올린다

부품을 가져오면 재생이 가능합니다
툭툭 망치로 낡은 희망을 두들기던 고물상 주인
그는 알까?
날개를 접는 일보다
기억의 헛바퀴를 돌리는 게 훨씬 고통인 걸

깁스를 한 병실 귀퉁이 행운목이
꽃대를 밀어 올리는지
힘겹게 목을 든다

무서리 다녀가 희뿌연,
그렇지만 회춘을 꿈꾸는 사람들
봄으로 가는 길을 찾아야 한다며
이 고물상은 늘 부산스럽다

내성천의 봄

봄 한 자락이
내성천 묵은 갈대숲에 내려서면
강마을 사람들 강 쪽으로 모여들고
강도 맑은 귀를 연다

새 떼처럼 날아오르는 물안개
깃털이 부드러운 바람도
강의 초대 손님이다
솔개 구름도 쪽배를 띄워
낮달을 데리고 바람이 노를 젓네
물떼새 함초롬히 물을 튕기고
오늘은 갯버들 차름한 어귀를 돌아
샛강도 여유롭다
바구니 가득 봄을 캐며
여인네 웃음 풍선처럼 날아오르면
강도 띄엄띄엄 다릿발 세워
봄을 옮기느라 분주하다

어슴푸레 저녁이 오면

청빈한 밥상 앞에
돌나물처럼 둘러앉아
향긋한 봄 이야기 무르익을 때
강도 그제야
제 이야기 한 소절 풀어내는지 뒤척인다

강가에 오면
강물 같은 마음이어야
물처럼 흐를 수 있다는 걸
봄날 내성천에 와서야 알겠네

누이야

제삿날
불빛 따라 찾아온 누이는 추억을 뒤지고 있다
사라져버린 유년을 애타게 찾으며
개조된 집 구조를 달갑게 여기지 않았다
행길로 난 툇마루며
감꽃이 지천으로 떨어지는 뒤란
모깃불 알싸한 향도 맡고 싶다고 했다

서둘러 강냉이를 삶고 콩서리를 해줬다
도시엔 달도 별도 없다고 했다
난 외등을 끄고 그가 별을 베고 잠들 때까지
모깃불 위에 다북쑥을 넣었다

추억을 포개듯 깻잎 저미고
애호박 풋고추 전도 부쳤다
하얀 밥 위에 깻잎 김치 척척 걸치고
열무김치에 코 잠그면
추억 다 가져간 거야
누이야

별은 맘속에도 있단다

눈 오는 아침

억새 풀잎 같은 날에
나풀거리며 눈이 내리네

겨울 가뭄 걱정하던 아비
오지랖 뜰로 내려서고
눈썹달 흐린 하늘
눈물 씻던 어미

아! 대처(大處)에 사는 아들이 보낸
그리움이구나
사각사각 연필심 눌러 쓴
편지 같구나

고추 벌레

가을볕 등에 업고
고추밭에 앉았다
발갛게 아려오는 손끝
생인손 앓듯 고추를 따는데
고추 벌레들이 숨어 있었다
어쩌면 저 어린 것이 맵고 짠 공간에
맴을 돌고 있다니
고춧물이 들어 발갛다

나도
한 마리 고추 벌레
짜고 매운 일상을 갉아먹으며
시간의 둘레를 배회했었지
나 혼자 남을 때까지

바다 횟집

소금기 걷어내는 소리에 깨어났다
내 살점 저며
통 도마 위에서 등과 배를 번갈아 내어준다
하얀 천사채 쟁반 위에 앉아
파도 소리 희미하다

오직
독한 양념에 버무려 볼 터지는 소리
삭정이 같은 뼈 추스르며
떠나온 길 더듬어 본다
바다는 어디에도 없었다

술잔 부딪히는 소리
포만감 게워내는 소리
낯섦에 귀를 막고

차라리
청빈한 영혼 거두어
고즈넉한 산사

추녀 끝에 달아주세요
솔바람 댓잎 소리로 울고 싶어요

실내 정원

기온이 뚝 떨어진다
장독가에서
여름을 지낸 화분을
서둘러 거실로 옮겼다

대문 앞 모란에 홀려
담장 장미꽃에 마음 주다
눈길 외면한 화분
흙먼지 닦아
거실로 옮겼다

비바람이 창을 흔든다
고구마, 알토란, 늙은 호박도
들여놓고 나니
노숙인이 보금자릴 마련한 듯
평온했다

정원이 어우러져 눈길 간다
겨울을 함께할 위안이다

민들레

내 안의 어둠에 갇혀
길을 잃었을 때
고개 떨군 발밑에 환한 빛
누가 등불을 켜 놓았다

아! 너였구나
어둠을 밀어내고
너와 함께 봄 길에 서리라

즐거운 택배

택배를 보내야지
봄 가뭄에도
알 든 감자와 복숭아를 땄다
상자 위쪽엔 풋고추 가지런히 뉘고
꽃눈 떨군 청오이 차곡차곡 채우니
상자가 배가 불렀다
제습제를 넣자
켜켜이 바람과 볕살도 넣었다
"애미야, 터진 건 버리거라."

생각에 밀려 대문을 나서니
볼우물 같은 아기별 달고
초사흘 달이 찡긋 실눈 뜨네
이쁜 짓 하는 손주처럼.

잃어버린 시간을 찾아서

덥기야 이곳 빌딩 숲 그늘도 마찬가지다
유례없는 폭염이라고 거품을 문다
등줄기에 작은 도랑물이 흐르던 날
서늘한 바람이 불어왔다

어머니가 보내셨구나
깨꽃 피는 바람을 보내시다니
당신은 땀에 젖으시고
천 리 밖 자식에게 보낸 바람
아직도 뿌리내리지 못한 도시
가끔씩 바람 타고 소식이 전해오면
어머니 품이 그립다

잃어버린 시간을 주워
작은 쉼터로 돌아오는 날
소식 같은 첫눈이 내린다면
단숨에 달려가 고향 집 대문 앞에
서 있으리

어머니의 쌈밥

어머니께선
잎사귀만 있으면 쌈밥을 만들고
그 쌈밥이 더욱 그리울 때가 있다
호박잎 껍질 벗겨
볼이 미어지도록 쌈을 싼다
둥근 어머니의 쌈밥 속엔
자식 사랑이 가득 들어있다
세상을 둥글게 모나지 않게 살아가라는
깊은 뜻을 알기까진
내 덜 자란 의식이 미안했다
까칠한 섬유질이 벗겨지고
하얀 쌈밥과 잘 익은 된장의 맛

그 맛을 알기까진 너무 오랜 시간
빌딩 숲에 갇혔다
미완의 삶
그 언저리에 떠돌기만 했었다
떠나올 때
행길에 점으로 남을 때까지 서 계시던 모습

(사물이 거울에 보이는 것보다 가까이 있음)
모퉁이를 돌아 모습 지워지고
후사경엔 뿌연 안개가 서렸다

낙화

눈빛 마주한 짧은 시간이었어요
꽃이 지고 있어요

어제는
동백이 뭉텅뭉텅 코피를 쏟더니
밤새 비바람에 자목련을
데리고 갔어요

발길 모으던 벚꽃도
하르르하르르 손을 흔드네요

몇 번을 몸져눕다 보니
봄이 저만치 가고 있네요

손사래 치며
다시는 오지 않을 것처럼
떠나고 있어요

아직 입 다문 모란 피어나는 날

봄을 떠나보낸 아쉬움에

펑펑 눈물 쏟을 거예요

공진단

금박에 쌓인 둥근 환
입안에 넣으니 한약 냄새 싸하다
내 몸 혈액을 타고 흐르면
울컥 목이 멘다

노동의 현장에 내몰려
머리싸움을 하는 아들 얼굴이 떠오른다
어둠을 깨우며 나가
별을 이고 귀가하는
시대의 표상
목을 넘긴 공진단이 자꾸만
되새김을 한다

집이 편해야 맘 편히
일터에 나간다 하고
어미는 너희가 힘들지 않아야
발 뻗고 눕는다 하고

식물도 사람처럼

우리도 사람과 같아요
꺾이면 힘들어하고
잘리면 피 흘리지요
스스로 웃자라지 말자고 다짐하며
보듬어주는 손길만큼 돌려준답니다
푸른 꿈 앗아가는 폭우
뿌리는 내어주지 않지요

보름달 엿보는 밤
작은각시들나방 알 슬어 놓고
이슬에 목 축여 정신이 들어
짧은 생, 열매 남기며 떠날 때
내 마른 몸 거둬 두엄으로 삭혀
두고 온 뿌리 위에 뿌려주세요

모내기

그대, 빈 들에 수를 놓을게요
말랑말랑한 가슴 어루만지며
한 땀 한 땀 수를 놓아요
초록 실꾸리 풀어가며
당신의 꿈 촘촘히 박고 있지요
때론
고운 별 한 줌 넣어서 뜨고
꽃구름 조각 무늬도 넣을게요
고개 치켜든 올미, 달개비
따갑게 따갑게 찔러줍니다
뜸부기 울음일랑 지그시 눌러 놓으렵니다

꽃 숲에 그네 타던 바람
나비 등 타고 내려오네요

비워진 들녘
파랗게 하늘거리네요
다시 채워지는 가슴
소망으로 깊이 뿌리내린답니다

워킹맘

늦은 저녁
정민애미가 전화 줄을
칭칭 부여잡았다
홍건히 피곤이 묻어나는 목소리다
손주 키워주지 못하는 미안함에
딱히 해줄 말이 없어
힘들어도 자식 키우는 시간이
가장 행복하고 보람된 시간이라고
위로해준다
순간 아이를 키우던 날들이
주마등같이 스치고 지나간다
전화기 너머로
참새 부리 같은 재잘거림이 짠하다

생각에 밀려
별빛에 내려서니
우리 아이 눈망울 같은 별들이
가슴 열면 와락 안길 것만 같다
쌔근쌔근 내 품에 잠들 것 같다

어머니의 텃밭

"오늘 고구마 한 상자 보냈다."

밤길을 얼마나 숨 가쁘게 달려왔을까
골판지 상자를 열자
고단한 땀방울 같은 고구마 붉다
어머니의 시간들이 차곡차곡
담겨 있었다
보드라운 속살 베어 무는데
목이 메어왔다

먹거리가 떨어질세라
소식처럼 달려오는 어머니의 텃밭
세월을 앞지르는 이지러진 달 같은
당신의 일상
오늘은 손주 고구마 먹는 모습 그리며
환하게 웃으시겠지
보름달처럼

2부

스마트폰

청색 불빛을 손바닥에 놓고
길을 묻는다
세상과 연결을 해주면
포만감을 게워내듯
불면의 나에게 속내를 드러낸다
독설을 퍼붓기도 하고
진실에 펑펑 울기도 한다

청색 불빛 따라 흐르다 보면
정보의 바다에 헤엄치는 물고기가 된다
물안개 자욱한 바다
수심이 너무 깊어
헤어나올 길 없이 빠져든다
너무 많은 걸 토해낸 불빛
가물거릴 즈음
머릿속은 하얗게 방향을 잃고
얼른
세상과의 연결 고리를
잘라버렸다

안부

춥지 않았니
어린 모 성급히 심어놓고
별 밭에 내려선다

봄 햇살 연이어 꽃눈 지져대더니
저만치 가던 겨울이
황사 바람에 밀려 뒷걸음치던 날
두덕두덕 덮어주고 다독였지만
침묵하는 봄

소쩍새 울음도 얼어붙었다
서릿발 칼날 위에 서고
어린 모 핏줄 터지는 소리

춥지 않았니
돋을볕 황망히 달려와
그래, 그래!
무사했구나

어물전 김 씨

오후로 기울어지는 시간이면
어물전 김 씨는
햇살이 차양 사이를 기웃거리는 틈을 타서
누런 알소금으로 생선의 배를 채운다
찬물을 훅 끼얹기도 한다
거푸거푸 물을 먹어도
깨어나질 않는지 뒤집어 놓기도 한다

그야 그럴 수밖에
푸른 지느러미 흔들며 헤엄치고 싶지만
배 속에 들어찬 왕소금의 무게를 버리는 일
알배기 생선이라고 외칠 때마다
내장을 두고 온 이빨 날카롭다

종일 떨이를 외치다가
꼬리 잡아 한두 마리 덤으로 얹어보지만
배를 채우지 못한 전대와
싱거운 일상을 소금기로 간을 맞추며
셔터를 내린다

집어등처럼 깜빡이는

불빛 속으로 휘청거리며 사라진다

어머니의 베틀

늦은 가을이면
당신은 낡고 때 묻은 세월을 정리하듯
빛바랜 창호지를 뜯어내고
예쁜 꽃잎을 넣고 가을볕으로
팽팽하게 마무리하셨지요

창살에 꽃잎 벙글어
서럽도록 고운 젊은 날
장지문 틈으로
어린 자식 고른 숨소리 듣고서야
베틀에 오르셨지요

씨줄과 날줄에
당신의 영과 육을 촘촘히 엮으시던 밤
자리끼 사발엔 국화 향 내리고
귀뚜리 울어 밤은 늪처럼 깊어가고
달빛도 실타래를 감으면
반닫이 창은 대낮처럼 환하고

부엉이 울음 한 땀
소슬바람도 한 땀
하늘가엔 이름 모를 무리별 뜨고
달그락달그락 잉앗대 당기시던
그 화음 귓가에 젖어옵니다

나, 지금
당신의 세월 초입에 서서
꽃잎 열리는 소리
삼백예순의 마디마디에 닿으면
어느 적막한 심사를 흔드는
소쩍새 울음으로 차를 달입니다

휴가

강냉이가 익고
콩꽃이 여물어도
피지 않는 살림살이에
등 휘인 어미

망촛대 같은 가슴에
얼굴 묻고 누워
삐삐 마른 관절 울음소리 들으면
감잎 어른거리는 저녁
열사흘 달도 따라 눕는다

일기예보

빨래 걷어라
비 올라

장독에 물 들어갈라
항아리 뚜껑 덮어라

어느 기상청이 이처럼 정확할까

김장 무에 바람 들 듯
할머니 무릎에 구멍을 낸다

저 빈 마디에 언제
따스한 햇살 스며들어
빨래 널어라
장독 뚜껑 열어라 하실까

어느 봄날의 만찬

겨울을 이겨낸 것들은
갈맷빛 향기가 난다

내면의 꿈틀거림이 피워낸 향긋함
모두 밥상 위에 올리고
그들이 전하는 겨울 이야기
나직이 들어보자

자작자작 냄비 가장자리를 넘나드는
애쑥국이나 한소끔 보글거리는 냉이 된장국
머위, 달래, 참나물이 새콤한 양념장에
몸 담그는 일이 어디 예삿일이던가

입술이 마르도록 기다린 푸른 시간
조금은 설레고
조금은 서럽다

혼자 즐기기엔 아쉬운 밥상
길 잃은 낮달도

얼큰하게 취기 오른 아지랑이도 불러들이자
열린 문으로 바람도 자릴 잡는다

가슴을 다 열어도 좋은 날
매화 꽃잎 동동 뜨는
찻잔 기울이며
조금씩 열리는 빗장 사이로
성큼성큼 다가오는 봄 햇살 눈이 부신다

마늘밭에서

얼진 않았을까

바람막이 비닐을 들치니
촉수를 내밀기 시작하는 어린싹
잡초가 덮어버렸다
언 땅을 움켜쥔 잡초를 골랐다
순간 이동을 하듯 자릴 옮겨가며
내 노동을 시험하다니
웃거름을 주고 비닐 이불을 덮었다
알싸하고 향긋한 냄새 코끝에 아린다

마늘밭을 정리하고 나니
내 글밭이 맘에 걸렸다
쑥대풀 묵은 상념처럼 무성한 나의 글밭
묵정밭에 버려진 나의 언어들
나약하고 거칠 대로 거칠다
밭 일궈 글 씨앗 심자
그리하여 잘 가꾼 나의 시
누구에게 건네줬을 때

"어머, 잘 가꾸었네!"

나의 글밭에서 감탄사 하나 거둬들였으면

내성천

강으로 불어오는 바람은
모두 몸을 낮춘다

황야를 달리던 거친 숨결도
능선을 휘감던 기세도
강의 품에선 강바람이 된다

햇살이 따끔거리는 정오
귀밑이 파란 젊은이들이
빛 좋은 웃음을 건져
방죽을 걸어 나오고
내 푸른 영혼이 자라던
강 언덕에 앉아 강의 숨소리 듣는다

순례자처럼
물새 자국 따라 흐르다 보면
물비늘 싱그러운 강 어디쯤
싱싱하고 도도한 물길 하나
틔울 수 있을지

우렁각시

고구마밭 한 뙈기
멧돼지 가족에게 내어주고
잘 여문 땅콩은 너구리들
밤참을 즐겼나 보다
콩밭 두어 이랑
산 까치 비둘기 살이 오르네

원래 오롯이 내 것이 있었던가
산마루에 걸터앉은 해님이
지그시 눈을 감아주었는가
터덜터덜 허기져 내려오는 가을
우렁각시가 차린 밥상이라도
받아 봤으면

따스한 아랫목에
구들장 베고 누워
풀벌레 소리 공으로 듣지 않는가

소한(小寒)

지금은 난세
동장군이 칼을 들었다

청 댓잎 빗질하던 바람도
코스모스 허리 잡고 깔깔거리던 바람도
콩꼬투리 살찌우던 바람까지

혁명군에 가담해
동장군의 진두지휘하에
혁혁한 공을 세우리라
기세등등하다

자정이 가까워오자
배수진을 치던 군사들
일제히 칼을 빼 들었다

수은주가 곤두박질치고
쨍그랑
달빛도 깨어졌다

문풍지도 부들부들 떨고
바람벽도 울었다

수은등 하얗게 겁에 질린 밤
모두 몸을 낮춰야 한다
가진 것 없다며 나무는
손을 번쩍 들고 섰다

멀리서 봄의 화신의 호통 소리 들리는 듯
'동장군, 너 물러가거라.'

빈집

그들이 떠나간 집은 황량했다
누이를 데려갔던 바람이 다녀갈 뿐
추억이 삭아 검불이 되고
대낮도 어둠으로 서까래를 내렸다
기다림에 휘어진 문설주
그런데
기다림도 지치면 싹이 트는가
바람이 민들레 씨앗을 심고 가더니
곤줄박이도 산뽕나무 열매를 물고 왔다

토닥토닥 감겨오는 빗소리에
귀를 여는 씨앗들
오늘 밤엔 누가
달맞이꽃등 내다 걸었나
찌르레기가
꽃등불 아래 별에서 온 편질 읽는지
밤을 새운다
그들이 떠나면서 박아놓은 대못이
별에 닿을 즈음

그리움 치렁치렁

마당 가득 드리워지겠지

씨오쟁이

농협 매장에 가면
가판대 층층 씨앗 봉지
가지런하다

무씨, 배추씨, 당근, 겨자….
싹을 틔울 수 있는 것들이
손길을 기다린다
나도 봄을 맞은 기분으로 선다
이름 불러 몇 봉지의 씨앗을 선택했다

남겨진 은박지 안의 씨앗들
흙냄새 한 번 못 맡고 버려진다면

여름 가고 늦가을
매장에 다시 들렀다
텅 빈 씨앗 진열대
봄을 빼앗긴 기분이다

밖엔 바람이 나뭇잎을 쓸어 모으고 있다

모래톱

파도가 야금야금 모래를 삼키고 있다

이 작은 알갱이를 먹으려
장거리 선수처럼 달려와
모래 알갱이 물고 돌아간다

넓은 모래밭은 톱날을 세운다
모래톱은 뒷걸음치며 더욱 날카롭다
급기야 파도를 베어 물었다

별똥별

모깃불 연기 마당 가득한 여름밤
은하 불빛 총총하다
아버지와 멍석에 누워
하늘의 별을 센다
찌-익
별똥별 떨어진다
"아버지 별이 내려와요."
"똥 누러 오나 보다."

다음날 동무들과
별똥 찾으러 다녔지
내 유년을 휘적이며 찾던 별똥별
모래톱에 앉아
꽃다지 풀만 캐었지

아직도 찾지 못한 별똥
그 우주쇼를 마당에서 보고 있다
찌-익
찌-익

사방에서 그어대는 유성
새삼 별똥별 추억 속으로
마음을 밀어 넣는 밤이다

안개

안개는 이곳에서도
영역을 넓혀가고 있다

별 바라기 하는 곳
젖은 눈으로
안개가 사라지기를 기다린다
안개는 새의 깃털까지 적시고
정오가 넘어서야 날아오른다
어떤 날에는 종일 안개에 갇히기도 한다

안개는 민폐다
잦은 안개로 동공을 키우지만
먼저 간 사람들의 발자국도
안개에 묻혀버린다
출구를 찾지 못해
이곳을 떠나기도 한다

다시
바깥소식을 물고

우울한 귀향을 하지만

이내, 안개의 덫에 걸리고 만다

눈(雪)의 나이테

눈의 고장 일본
히다산맥에 걸친 중앙 알프스
3월 초순에도 눈이 내린다
로프웨이로 중간 지점에서 환승을 하고
다시 하늘 정거장에 도착했다

발아래 모두 설산이다
손 뻗으면 닿을 수 있는 하늘
아득히 펼쳐진 발아래 풍경
장엄하다

억겁의 세월
키를 키우는 가늠할 수 없는 눈의 나이테
부름켜를 형성한 눈의 나이가 궁금하다
물관부 내려 다져진 세월
삼나무도 눈 속에 묻혔다

떡시루를 엎어놓은 봉우리
케이크를 자르듯 잘라서

그 단면을 보고 싶다

저 눈 속에
이글루처럼 굴집을 짓고
동화도 키우고
눈망울 맑은 사슴 한 마리
키우고 싶다

감당할 수 없는
풍경을 데리고
서서히 하강을 한다

겨울 밥상

진눈깨비가 내린다
앞산 소나무 가지가 활처럼 휘어진다
겨울의 중심이다

온기를 채워줄 밥상을 차려야지
시래기 된장국을 끓이자

서로의 맛을 우려내느라
한 옥타브씩 음을 높이더니
넘칠락 말락 보글거린다

바다도 한 움큼 잡아다 넣었다
된장국 바다에 시래기 수초 사이를
헤엄치는 멸치 떼들
뚝배기 안은 들썩들썩 신이 났다
얌전히 식탁 위에 오르자
조용히 음을 조절한다

갓 버무린 배추김치

쌉싸름한 고들빼기 양념 냄새
동치미도 한 사발 곁들이고
김이 모락모락 나는 쌀밥
가지런한 수저가 얼른 맛을 보네
이만하면 한상차림이다

나의 겨울이
하얀 입김을 물고 창을 기웃거리네

잠깐, 스친 생각

고구마를 씻어
밥 위에 안치니
달그락달그락 신호음이 울린다
고구마와 밥 냄새
섞여서 올라온다

밥은 고구마의 단맛
고구마는 밥의 구수한 맛

쓱쓱 공깃밥 비우며 묻는다

하나가 되는 것
어울림으로 사는 것
무엇이 그리 어려울까

너, 따로
나, 따로

도시의 겨울나무

옷 벗은 나무마다
알전구를 달았다

불이 켜지면 온몸이 찌릿찌릿하다
지금은 찬연히 명상을 할 시간인데
불꽃 열매로 서라고
거미줄을 엮어 전류가 흐른다

한 그루 야광나무로 서 있어야 하는가
온몸을 지지는 고통

멀리서 종소리 들린다
성탄제가 가까이 옴을 느낀다

하늘엔 영광
땅에는 평화

주여! 내 사슬을 풀어주세요
기도하나이다. 아멘.

텃밭 일기

통배추 이마에
금줄을 메어주었다

간밤엔 입동새가 울고 갔다
배춧잎이 바람을 탄다

겉잎 모아 햇짚으로 월계관을 씌워줬다
가뭄을 견딘 대견함의 보상이다
사열하듯 일렬종대로 선 배추밭

중심이 서는 날
노오란 속 고갱이 열어
숨죽여 항아리 속 차곡차곡
갈무리 끝낸 겨울

열반에 든 날
조용히 싸리울에 눈이 내리네

3부

억새꽃

- 요양병원에서

병원 문을 열자
억새꽃 무리 지어 피었다

어제는 하느님이 다녀갔고
내일은 부처님이 오신단다

노을이 물든 휴게실 창가
가끔 피붙이 살붙이가 다녀가지만
이젠 그리움도 미련도 내려놓는다

질긴 인연의 끈도
지난 생도
미명(微明)의 그리움도
이곳
은빛 물결 슬프도록 곱다

푸성귀 다듬는 여자

골목 시장 입구엔 그녀가 오랜 시간 말뚝처럼 터를 잡았다
손가락만 나오는 면장갑을 끼고 푸성귀를 다듬어
사과 궤짝 위에 올려놓는다

구공탄 구멍에서 피어나는 겨울 아지랑이
가끔 바람에 따귀를 맞지만 연탄불 온기에 위로받는다
콩나물 대가리가 떨어지면 낮은음자리
생의 오선지에 그려 넣는다

늘
이윤과 손을 잡으려 하지만 바람 소리만 전대를 채울 뿐
이곳 노점에도 그놈의 불황이 돌개바람처럼 불어
소박한 꿈을 감아올린다

언제 따스한 봄이 찾아와 얼었던 얼굴에 개나리꽃이 필까
푸성귀처럼 얼었다 녹았다 하는 몸을 일으켜
차곡차곡 고단한 하루를 접는다

고향 집에 가면

내 어릴 적 뛰놀던
고향 집에 가면
형수가
전쟁터에서 돌아온 자식처럼
고단함을 품어주시네

마당 가 바알간 숯불 피워
피감자 속살보다 더 따스운 밥 먹고
흘러간 별 줍다 보면
명아주 키만큼 자란 추억이
성큼성큼 다가오고
토실토실 살찌운 보름달을
뚝 따 주시네

그리운 고향 집에 가면

꽃불

절정에서 타오르는 꽃불

영산홍 자산홍 불붙는다길래
서늘한 가슴으로
꽃불 끄러 갔다가
시린 가슴만 데웠네

서녘 해 맞불 지르는 남산
층층 계단 아래 서서
검불 같은 어리석음
그러모아 불길에 던진다

타거라
활활 타거라
서러움도 미움도
꽃불로만 타거라

개기월식

달이 포동포동 살이 오르자
지구가 야금야금 파먹고 있다
호빵을 먹듯
자정이 돼서야 다 먹어치웠다

옥토끼도 잡아먹고
계수나무도 삼키고
전설도 동화도 모두 먹어버렸다

너무 급히 먹었나
새벽이 오자 조금씩 토해낸다

휴! 살았다
옥토끼를 데리고 급히 사라졌다

블러드문
찰칵!
어둠 속에서 셔터를 누른다

대서(大暑)

찜통더위
가마솥에서 태양이 끓는다
곰탕도 삼계탕도 아닌
태양이 끓는다
솥 밑이 까맣게 타들어간다
염소 뿔도 녹는다

견디자
견뎌야 한다

단물 가득한 열매와
고운 빛의 가을이 올 것이니
모두 지나면 추억인걸
그땐 축배를 들자

다시, 봄

그가
봄을 일군다며 햇살 펴지듯 안부를 전해왔다

밤새, 질 낮은 잠으로 침상에서 떨어지는 꿈은 기우였나
서로의 고통을 눈빛으로 가늠하며
환우들이 복도를 지나간다

강가엔 안개가 걷히고 물살도 깨어났다
묘목을 실어 나르는 트럭이 분주하다

무거운 콘크리트 다리를 풀고
링거 줄도 뽑아버리고
봄 길에 서고 싶다
햇살 헤실거리는 이랑
고른 숨 쉬는 바람을 마시며
봄 나절을 걷고 싶다
모란 흐드러진 대문을 열면
댓돌 위에 놀던 햇살 안겨 오려나

"이번 주에 퇴원하세요."
환청처럼 들리는 소리
세상에서 가장 무거운 짐
내려놓는다

로드킬

내륙을 가로지르는 고속도로
초록색 울타리엔 솜털이 보송보송한
칡넝쿨이 길 쪽으로 목을 빼고
때를 기다린다

언제쯤 넘어갈까
매끄러운 길 신나게 달리는 꿈을 꾼다
바람도 햇살도 가르는 질주. 질주.
좀처럼 기회가 오지 않았다

달무리 이지러진 밤
밤마실 나온 고라니가
용감하게 담장을 넘었다

앗!
소스라치게 놀란 어린 손
오던 길 되짚어 가쁜 숨 몰아쉬는데
별빛이 길을 비추었다

그곳은 경계

우리 가는 길이 아니야

능금 꽃

능금 꽃 하얗게 피던 4월
신혼의 둥지를 튼 대구 동촌마을
마른 가지는 겨드랑이마다
꽃눈 붉어 움틀 채비를 하고
우린 푸른 꿈을 꾸며
낯선 도시에 이방인으로
닻을 내렸다

싱그러운 꽃 내음 따라
반야월로 난 외길을
꽃비를 맞으며
능금 알 같은 열매를 맺으리라
눈빛 건넸다

젊음을 풋사과처럼 와삭와삭
씹어도 보았다
볼이 붉은 아이를 꿈꾸며
지천으로 펼쳐진 꽃길
마냥 걸었었다

찬란한 꿈이 익기도 전에
이 도시를 떠났다
아직도 아슴아슴 스치는 기억의 언저리엔
꿀벌 잉잉거리는 반야월가는 능금 꽃길

세월이 훌쩍 자라 다시 오니
능금 꽃 옛 자취인 양 회색빛 빌딩만이
내 기억을 누르고 있네

호롱불 옛이야기

소싯적 호롱불 등잔 밑에서
한글을 깨쳤다
앉은뱅이책상 앞에 심지 돋우면
등 뒤엔 아버지가 계셨다

닷새마다 장마당에서
고전소설을 사 오셨다
장기전, 구운몽, 사씨남정기, 콩쥐팥쥐, 장한몽…
숙제를 마칠 시간이면
이웃들이 우리 집 호롱불에 귀를 모았다

콩쥐가 가엾어서
호롱불이 꺼지도록 한숨을 쉬기도 하고
장끼의 유식한 고집에
까투리를 위로하기도 하고
돈에 눈이 먼 순애에게
배신의 혀를 찼다

호롱불 그을음에 코밑이 까맣게 될 때쯤

감정이 무르익기 시작했다

나의 고전 읽기는 그들의 겨울밤을 심심찮게 했다
바깥세상과의 통로가 없던 시절
가난한 나의 이웃들
다른 세상에서 잘 지내겠지

대낮 같은 전등불 아래서
호롱불을 추억하는 밤
아름다운 나의 유년

다랑논

서툰 재단사가 마름질하다
남은 자투리
소금쟁이들이 일제히 바늘귀 꿰서
귀 맞혀가며 만든 조각보

한 폭을 잇고 나면 다시 울고
그래도 울면
바람이 귀퉁이를 살몃살몃 당겼지

서러움도 한 땀
그리움도 한 땀

층층 계단 오르며
어린 모 시집오는 날

들 찔레 하얀 비탈길
산 뻐꾸기도 목이 쉬었네

호접란

가까이 가면 날아가 버릴까
그 날개 파닥임이 나비 같다

저러다 내 눈길 멈춘 사이
날아가 버리면

내 맘 잠시 잊은 사이
날개 접을라

차라리
창을 열고 날려 보낼까

구름에 훨훨 날개 젓다가
별빛 담아 오려나

새벽 전화

새벽 전화는 무서워요
어둠을 가르는 비명 같은 것

당신이 가시던 날도
새벽이었지요

하늘에서 링거 줄이 내려와 목을 조르고
아침으로 가는 길이 웅덩이처럼 깊어요

뜯다 남은 처방 약이 널브러진 머리맡에
칭칭 감긴 전화 줄

새벽 전화는 무서워요
한 영혼이 다른 영혼으로 가는
길목이니까

뻐꾸기시계처럼

뚜벅거리며
철도 없이 울음 우는 뻐꾸기시계
늘 같은 보폭으로 걸어가는

우리도 저와 같아
한 호흡씩 뻐꾸기로 울며
걷다가 멈추는 곳

건전지가 나간 벽시계처럼
피돌기가 멈추는 날
생이 다하는 시간

내 마음의 옛집

내 마음의 옛집에
검불 걷어내고
처마 끝에
등불 하나 내건다

굳이 세간살이는 필요하지 않다

뒤뜰엔 오동나무
앞뜰엔 대추나무 한 주 심어놓고
장독가엔 봉숭아 만발하면 되겠다

밤마다 옛집에 마음 두고 오지만
서늘히 무너진 기억의 단층

회억의 그리움
선잠에서 깨어나곤 한다

나뭇잎 편지

나팔꽃이 눈 비비며
우편함을 기웃거립니다
아직도 소식이 오지 않았나 봅니다

파란 대문에 비스듬히 기댄 우편함
(원고개길 112)
새로 달아준 낯선 주소
그리움이 줄기를 뻗지만
오늘도 우체부는 오지 않았습니다

가을 색 짙은 어느 날
허기처럼 들락거리던 바람이
발신도 없는 엽서를 두고 갔어요

읽을수록 가슴이 아려
차마, 다 읽지 못하는
노란 나뭇잎 편지

모싯대

가을 산
깊은 골에 모싯대
보라 등 켰네

알밤 줍는 사람 조심조심
꿀밤 줍는 다람쥐도 조심조심

가만가만 산길 오르며
대롱대롱 모싯대
청사초롱 들고 섰네

등불 꺼질라
바람도 비껴가는데

죽령 옛길

죽령 옛길을 오른다

봄부터 구름 씨앗을 심었던가
꽃 피어 감겨온다

모퉁이 돌면 별과 구름이
번갈아 따라온다

나뭇잎 데리고 바람은 어디로 가는지

햇살이 잎에 닿을수록 붉다
하늘 정원
죽령 옛길
옛 그림자 선연한 듯
주막 한 채 서 있네

구름 한 타래 머플러처럼
목에 감겨온다

선릉역에 가면

선릉역을 지날 때면 그 아이가 생각난다
아득한 시간이 반추돼 내 앞에 일렁인다

미나리 깡죽으로 열한 식구가 힘겹게 넘던 보릿고개
자식 농사만 풍성해 아들만 줄줄이 꿰어 놓고
죽 양푼 밀고 당기던 가난
결국, 죽 그릇에서 숟가락 하나 덜어냈다

그 아이 우리 집에 오던 날
어머니는 입성부터 바꿔 놓으셨다
방죽에 나가 소를 먹이고 장구통만 한 배를 앞세워
자랑삼아 휘파람을 불었지

별 좋은 가을이면 툇마루 오동나무 그늘에 누워
하늘에 꿈을 그려 넣던 뻐드렁니를 가진 동생 같은 아이
어쩌다 하굣길이 늦으면 등짝보다 더 큰 지게를 지고
툭툭 철길에 신호를 보내며 마중을 나왔었지

그가 선릉역 부근 정비공장 사장이란다

녹슬고 마모된 것들이
그의 손에서 다시 굴러가고 윤기가 나겠지
지금쯤
초로의 신사가 되었을 그가 보고 싶다

"아지매! 선릉역에서 만나요."
멀리서 가까이에서 부르는 듯 들리는 듯

가지치기

먼저
나무의 균형과 품성을 살펴야 하며
가슴 높이에서 나무를 봐야 하지

웃자란 가지는 적당히 휘어줘야 하며
겸손으로 몸 낮춘 가지는 받쳐주고
빌붙은 가지는
곧은 심성을 해치기 쉬워
과감히 가위질을 해야 해
때론 꽃눈도 버려야 하지

이른 봄
자두나무 가지치기를 하며
곁자라 빌붙은 어리석음에
이성의 톱날 날카롭다

바람 멈추어 선 날
옹이 도려낸 자리
새살 돋아 꽃눈 터지는 소리

나무는 나이테 하나 둥글게
그려 넣는다

전정이 끝나면 준공검사를 하듯
바람이 흔들어 본다
버팀목 없이 견디는 법을
알려주려고

어머니의 정원

청명, 한식 다 지나
벚꽃 바람 하늘거리는 날
당신 쓸쓸한 가슴에
영산홍 몇 그루 심으러 갔지요

그런데요, 어머니
언제 이리도 고운 꽃밭을 가꾸셨어요
능선의 산도화 가슴께로 당기며
무릇꽃 파릇파릇
허리춤엔 할미꽃 심고
참꽃도 다발로 안으셨네요
냉이 씀바귀 떨잠처럼 하늘거리네요
발치엔 찔레꽃 젖줄처럼 흐르고
산죽 울타리 너머 산새 벗 삼아
그리움 지긋이 먼 산 바라기

가슴에 박힌 참나무 대못
뽑아드리지 못해
서럽도록 짧은 봄

지나가던 흰 구름

목화솜 이불 덮어주고 갑니다

가을, 그 쓸쓸함

올가을엔 거둬들일 게 없다

남들은 톡톡 터질 듯 여문 알곡을
쌓기도 하고 널어 말리기도 하는데

춘삼월 폭설이 잎 지는 날까지 이어져
빈 들만 서성이네

가을은 서둘러 겨울을 데려와
자리를 내어주고
마음의 빗장 철컥 잠근다

하릴없이 지붕 위에
박 넝쿨 끌어당겨 태우며
퀴퀴한 냄새만
눈이 맵도록 맡고 있네

비단향꽃무

비단향꽃무를 아는지요

무꽃과 비슷한데
이름처럼 온몸이 저리도록
향기가 가슴을 파고들어요

누가 한 아름 보내와
질항아리에 심었더니
내 가슴 비어있는 걸 어찌 알았던지
마음을 사로잡더라고요

누굴 한 번도 사랑한 적 없는 난
그와 밤새 정분을 나누며
허울 벗어던지고
아주 달콤한 첫사랑을 했어요

4부

보름달

- 명절증후군

송편 속을 채우듯 포만감에 겨운 달이
감나무에 걸터앉았다

난 삭히지 못한
서운함과 미련함으로 속을 채운다

이 방 저 방 널브러진 흔적을 정리하며
그래, 버릴 수 없다면 즐기자

서운함을 탁탁 털어 말리는 오후
내가 선 자리가 새삼 낯이 설다
명절 뒤끝은 질기다

어느새
눈썹 하나 그어놓고 사라지는 너

나에게도 생채기에 딱지가 앉고
계절이 덜컹거리며 지나간다

보름 없는 그믐

그믐 없는 보름이 있으랴

얼레빗

탈곡기가 나락 논에 들어서자
참새 떼, 미루나무 우듬지까지 도망간다

촘촘한 참빗 같은 탈곡기가
낱알을 훑는다

채워지는 건 한참이지만
비우는 건 순간이다

몇 바퀴 휘휘 돌더니
슬쩍 탈곡기 날을 얼레빗으로 바꿨다

앞니가 듬성듬성한 콤바인 청년이
나무 위 참새 눈망울을 보았다

논바닥에 낱알이 흩어진다

낱알 공양을 하고 볏섬을 나르는데
노을이 무등을 타네

나비 표본

전생의 무슨 업으로
십자가에 못 박혀
고해의 바다에
생을 던져야 하는지

피도 눈물도
흘리지 말아야 한다
따끔거리는 아픔
심장에 박힌 핀
날개 파닥일수록
옥죄어 오는 고통

무게를 더 줄여 주랴

무서운 기억

"참새 줄 한번 흔들고 가거라."
쇠죽을 푸시던 아버지
일손을 보태라신다

미루나무와 버드나무에 줄을 달아 흔들면
깡통 소리에 잠시 달아났다가 모여든다
허수아비 머리 위에서 망을 보는 놈도 있으니

아침 이슬이 종아리에 차다
겅중겅중 논둑으로 내려서는데
우리 집 누렁이만 한 개가
내 다리를 스치며 지나간다
줄을 몇 번 더 흔들고 학교를 가야 하고
두어 마장이 넘는 등굣길이 재촉한다

그때
늑대다! 늑대
막대기를 들고
사람들이 철길을 넘어 뛰어간다

간밤에 무슨 일이 일어났나 보다
아낙들이 두레박을 내린 채 수군거린다
가축들이 습격을 당했다

들녘은 점점 황금색으로 물들어간다
이 풍성한 계절이 오면 내 추억 갈피에
그날 아침 늑대가 등장한다
얼른 기억의 갈피를 덮지만
지워지지 않는 무서운 기억

그 흰빛

윤사월
송홧가루 눈멀던 날
사립문을 들어서는데
마당에서 바느질을 하고 계셨다

당신이 손수 짠 명주가
올올이 잘려나가고
분위기가 엄숙했다
내 물음에 그저
아버지 옷이라고만
말끝을 흐리셨다

손 싸개까지 마무리하시고
엽연초 마른 잎
사이사이 끼우고 한지로 싸서
벽장 높은 곳에 보관하셨다
볕 좋은 날엔 한 번씩 꺼내 보곤 하셨다

당신이 먼저 가실 줄 모르고

아버지 수의를 장만하셨다

눈밭을 밟으며 이승을 떠나던 날이
바로 오늘
열사흘 달빛
명주실같이 내린다

자꾸만 당신과의 거리가
좁혀오는 것만 같다
어느 천상에서
베를 짜고 계실까
그 하얀빛의 천의무봉(天衣無縫)

그리운 배경

'저희들 괴산 지나고 있어요.'

또박또박 발자국 같은 문자가 왔다

이때다 싶어
몇 마장을 달려 육소간을 찾았다
입소문을 듣고 왔더니
잠시 외출 중이라고 문고리가 알려준다
마음이 급했다
질 좋은 고기를 끊어 달려오니
잠긴 대문 앞에 아이들이 기다린다
손주 녀석들은 담장 밑에 앉아
눈물 콧물 범벅이고
불혹에 가까운 아들, 며느리
눈두덩이 붉다

문설주에 기대어 섰거나
행길에 나와 있거나
어미는 그래야 했다

그리도 서운하더냐
미안한 마음에 손주 무릎에 앉히고
지글지글 익어가는 고기 맛을 잊었는지

어미의 빈자리가
그리도 서운하더냐

겨울 산수유

가슴 시린 날
네 앞에 서면
뜨거워지는 심장에
가만히 손을 대본다

열꽃이 피어
널 찾아 나서면
서늘한 손으로
이마를 짚어주고

다시 뜨거워져
겨울꽃으로 피다가
노랗게 눈뜨는 산수유

빙점에 가까울수록 더욱 붉다

온천장 마당
산수유나무

냉탕과 온탕을
헤엄쳐 나온 사람들이
상기된 얼굴로 곁을 지나고

얼음 알갱이
붉은 입술 다물고
겨울 길목을 홀로
지키고 있네

그렇게 가을은 가고

늙은이의 등마루 같은 가을이
지난여름은 참으로 힘들었다며
푸념을 하고 가네
박오가리처럼 마른 길을
맨발로 가네
햇살 한 자루 꺾어 들고
바람 앞세워 그렇게 가네
다시는 안 오겠다며
양털 구름 흐르듯
아득히 멀어져 가네

입동

상강 지나자
가을비가 기별을 가지고 왔다
나무는 마지막 단장을 꾸물거린다
다시
바람이 전언을 했다
겨울이 산을 넘고 있다고

멀리서 깡마른 호통 소리 들린다
나무는 서둘러 젖먹이를 떼어내듯
잎들을 내려놓는다

굵은 빗방울
밤새 양철 지붕을 때렸다
선잠 깨어보니 은행나무는
자식을 떼어버린 어미 같다

눈사람

첫눈이 내리는 날
이 아이가 태어났어요
축복 속에 하얀 영혼을 가진 아이
머플러로 목을 감싸고
털모자를 씌워주고
행여 햇살이
아이스크림처럼 녹이지나 않을까
바람이 데려가지 않을까
손주들은 애가 타는지
강아지 데리고
곁을 지키고 있는
눈 내리는 아침

강둑에서

해거름 따라 내성천 둑길을 걸었습니다
노란 실루엣을 걸친 달맞이꽃이
길을 비켜줍니다
빈 하늘에 까닭 없이
비질하는 억새풀에 쓸려 계절이 지나가고
어설픈 욕망도 허울도 강물에 띄우렵니다
모래톱에 부리를 쫗던 물새도
꽃 덤불 속으로 몸을 숨기는지 바스락거립니다

강도 제 울음을 우는지 물보라를 일으키다가
낮은 곳으로 낮은 곳으로 몸을 바꿔 흐릅니다
노을이 물든 모래 무덤엔
까만 별들이 사리처럼 내립니다

얼마를 더 걸어야 근원에 닿을까요
물잠자리 날개처럼 가벼워질 때까지
긴 방죽 따라 걸음을 옮깁니다

술의 고백

이제야 고백하지만
난 그대들의 깨어진 유리창도 아니요
갈지자걸음으로 걸으라 한 적도 없소
큰대자로 누워 타령조로 목청 높이지 말아요

맑게 침전되어
댓잎에 구르는 이슬로 태어나
선비들의 풍류가 되고
노동의 고단함을 달래주고
점잖은 밥상 위 반주가 되기도 하며
불면의 벗이 되는 나를
함부로 다루지 마세요

"그놈의 술이 웬수야."

깨진 유리창 너머 울부짖음
더는 욕먹고 싶지 않아요
막소주 허리 잡고 벼랑 끝에 선 당신
다시 돌아와 가볍게 한잔

맑은 피가 될게요

함부로 다뤄 얻어지는 아픔
그건 당신들 몫이요
더는 날 욕되게 말아요

다시, 펌프질

흉부외과 대기실에서
순번을 기다린다
간호사가 혈압을 잰다
시계가 조금씩 빠르네요
(째깍째깍)
초침 소리가 희미하다

어혈이 엉켜진 자리를 지그시 누른다
마모가 됐네요
태엽을 갈아 끼우세요

내 시계가 보폭이 느렸다가
멈출 수도 있다는 불안에 초조하다

남은 삶을 펌프질해
맑은 물 잣아 올려야 하는데

대기실 너머 어른거리는 댓잎 사이로
잿빛 하늘이 내려앉는다

닦아야 한다

녹슨 시간을

아내의 궤적

아내가 중심을 잃고 쓰러졌다
등짐이 무거워 휘청거리더니
병원에 실려 가던 날
그녀의 빈자리가 허공만 하다

일러준 대로 가을걷이를 해야 했다
모서리마다 들어선 아내의 일상
마음 둘 곳 없어 헤매던 텃밭 둘레길
소쩍새 울음도 심어놓았다

낯선 발자국 소리에 몸을 사린다
까치발 너머 알밴 곡식들이
내 손길 닿자마자 낟알 쏟아버린다
병원에 누워서도 마음 두고 갔는지
오늘은 철 지난 뻐꾸기도 울고 갔다

바람이 차다
나무라듯 내 뺨을 갈긴다
순간

목발을 짚고 선 그녀의 모습이
눈앞에 얼비친다

백양사 가는 길

늦가을 백양사
가을은 끝자락만 남겨놓고
아기단풍 몇 잎
어린 아이처럼 보챈다

앙증스러운 손잡고
절집에 들어서니
백암산 바위 부처 굽어살핀다
법당에 삼배하고
호수 길 돌아 나오며
다시 만나자 새끼손가락 건다

돌아오는 길
억새꽃
하얀 겨울로 길을 잡는다

사냥

눈밭을 헤맨다

한 마리 짐승이 돼
포효하는 눈빛으로 먹잇감을 찾아 나선다
토끼몰이하듯
이 눈 속에 어디 먹잇감이 있을까

비탈에서 눈을 뚫고 나온 들찔레 열매
매의 눈으로 낚아챘다
산토끼 눈망울 같은 붉은 열매

사냥길에서 돌아오면서
이 글감으로 어떤 글을 쓸까

서늘했던 마음
점점 뜨거워지기 시작한다

고목

몇 알의 열매를 달고도 힘겨워
바람보다 먼저 속울음 우는 나무
어젠 까치도 방을 비웠다

지난날 주렁주렁 꿈 내리고
그 모습 안쓰러워
이끼가 두덕두덕
포대기를 둘렀다
댕댕이덩굴이 칭칭 끈을 졸라매고
포대기 흘러내릴라
겹겹이 죄어 맨다

목마름

먹장구름이 물동이를 이고 가고 있다

메마른 땅
풀도 나무도 사람도
하늘을 쳐다보는데

구름이 물동이를 어디에 쏟아부을까

여기요, 여기
목을 빼고 기다리는데
심술보 해가 머슴을 내쫓아 버리듯
물동이 찔끔거리며
동쪽 산을 넘어가고

다시 마른 땅에 주저앉는 목마름

겨울 내성천

갈대숲도 바람도 멈추었다
강은
품에서 자란 어린 물고기
엷은 이불 한 겹 덮어주었다
그 이불 차렵이라 다시 두터운 이불 덮으려는데
포근히 눈이 내리네
갈대도 바람도 잠든 겨울 내성천

강이 알을 낳을 때까지
이불 들먹이지 말아야지

개복숭아 웃음 가지에 걸릴 때까지 깨우지 마라